ECLOGVE CHRESTIENNE

ET ODE

A L'HONNEVR DV SAINT SACREMENT

A PARIS,

Chez IEAN HENAVLT, Imprimeur, Libraire-Iur
ruë S. Iacques, à l'Ange-Gardien.

M. DC. LXXI.

AVEC PERMISSION

ECLOGVE
CHRESTIENNE.
CELIZE. CARITTE.

CARITTE.

AH Celize est-il vray, ce qu'on dit de Silvie:
A-t-elle abandonné tous les biens de la vie?
Veut-elle renoncer à ses divins attraits?
Et ce mépris du monde est-il pour un jamais?
Grand Dieu quel changement d'une fille si belle.

CELIZE.

Par les saints mouvements du beau feu de son zele
On ne voit plus Silvie; elle est un Seraphin
Qui ne veut que son Dieu pour sa derniere fin:
L'œil du Seigneur a fait, cette metamorphose,
Et son ame en luy seul maintenant se repose:
Elle estoit toute au monde, elle est toute au Seigneur
Et nul autre que luy ne regne dans son cœur.

CARITTE.

Helas! quand Dieu nous voit d'un œil plein de tendresse
Que son regard doit estre une grande promesse,

A

C'est l'œil de ce grand Dieu qui fait grace ou punit,
C'est par luy qu'il s'écarte, ou par luy qu'il s'unit,
O regard beau Rayon du Soleil de Iustice !
Qu'il darde sur un cœur le plus noirci du vice,
Par ce divin Rayon, il devient pur & beau,
Ou par ce saint Regard ce cœur devient nouveau,
Mais Celize, dis-moy, ne voit-elle personne ?
A-t-elle resolu qu'un chacun l'abandonne ?
Croit-elle en verité qu'il ne soit pas permis
De se voir quelquefois avec ses bons amis ?

CELIZE.

La charmante Silvie aime la solitude ;
Et c'est-là que son cœur fait sa plus belle étude,
C'est-là que son esprit tout détaché des sens
Gouste par ses transports des charmes Innocens.
Son cabinet secret, où regne le silence
La paix & le repos & sur tout l'innocence,
Est un Temple divin ou cét Ange mortel
A sans cesse les yeux devers l'Estre Eternel :
Elle est-là degagée, elle est libre, elle est tendre,
Dans un calme si doux, son Dieu se fait entendre :
Sa voix fait avec elle un aimable consert
Et resonne en son cœur comme en un grand desert.

CARITTE.

Que son ame est heureuse, & qu'elle a d'avantage
D'avoir choisi le Ciel pour unique partage !
Qu'elle me rend confuse, & que j'ay peu d'esprit
De ne pas tout quitter pour suivre Iesus-Christ :

Helas ! que quittons-nous , rien mon aimable fille
Tout paſſe & tout perit, tout nous eſt inutile,
Et noſtre ame languit ſans le divin amour.

CELIZE.

Que nous le voyons bien , quand par un ſaint retou
On fait la volonté de celuy que l'on aime;
Eſtre en paix avec Dieu , ſois-en juge toy-meſme,
Eſt-il pour noſtre cœur un bien qui ſoit plus doux ?

CARITTE.

Eſt-il paix en ce monde , à quoy donc penſons-nous
Apres tant de rebut , & tant de laſſitude,
Apres tant de dégouſt , & tant d'inquietude,
Quand Dieu ne nous attend , que pour nous embraſſe
Pour nous donner la paix , & pour nous delaſſer:
Pourquoy donc à ſon Dieu ne veut-on point ſe rendre
Quelle excuſe avons-nous qui nous puiſſe deffendre ?

CELIZE.

Noſtre aimable Silvie a le corps delicat,
Elle eſt ieune, & beauté n'eut jamais plus d'éclat:
Cependant à ſon corps elle a livré la guerre,
Ne pouvant plus le voir que comme vn peu de terre
Qui s'oppoſe toûjours avec ſa peſanteur
Aux clartez de ſon ame, aux flammes de ſon cœur.
Dans le temps que la nuit , par ſa douce puiſſance,
A calmé la nature en un profond ſilence,
Et que ſes voiles noirs étandus dans les airs
Ont rendu tous les lieux ſauvages & deſerts:

le sort de son lit, s'accusant elle-mesme
perdre un temps si propre à louër ce qu'elle aime,
reprend à regret un si cruel sommeil
ui seul fait un éclipse à son divin Soleil.
ais si-tost que l'Aurore a pû fraper sa vuë,
u'elle a teint de ses feux cette premiere nuë
ui paraist toute d'Or au bas de l'Orient
t qui donne à la terre un visage riant :
tte fille se leve, en mesme-temps comme elle,
ais avec la splendeur d'une couleur plus belle :
n amour l'enrichit de nouvelles beautez,
mpruntant son éclat des divines clartez :
mme un Cerf voit les eaux qui meurt faute de boire
tte fille a les yeux sur sa sainte Oratoire,
n ame y vole au gré de ses brûlans desirs
n cœur y court au gré de ses tendres soûpirs,
ependant quand elle est devant Dieu prosternée,
lle demeure un temps comme toute étonnée
a crainte & le respect arrestent son transport,
ais apres son silence il en devient plus fort :
lle a vû le Seigneur, si grand & redoutable,
lle a vû son état si pauvre & miserable :
lle a vû que son Dieu nous aime tendrement,
lle a vû que son cœur y répond foiblement,
u'on l'entend s'écrier, quand son amour éclatte,
h ! Seigneur triomphez de cette fille ingratte !
est digne de vous, de vaincre un cœur si dur,
e l'embrazer d'amour & de le rendre pur.

Son

Son esprit agité de ses saintes allarmes
Fait couler de ses yeux un deluge de larmes,
Et ce mesme deluge ou ce torrent de pleurs
Excite de nouveau sa flamme & ses douleurs :
Elle est toute saisie, elle est toute pasmée,
Elle est dans ces grandeurs interdite, abismée
Et ce n'est que le bien de gemir & pleurer
Qui dispose son ame à ne plus soûpirer :
Elle voit que ses pleurs n'ont point d'autre origine
Que ce grand Occean de la bonté divine :
C'est ce qui la console : aussi d'un air plus doux
Elle traitte avec Dieu comme avec son Espoux.

CARITTE.

Ah! ma Fille est-ce ainsi que l'on fait sa priere ?
Avec quelle insolence, & de quelle maniere
Sommes-nous devant Dieu ? que l'on a peu de foy,
Et quand je parle ainsi, ie veux parler de moy :
Ie suis la plus coupable, & la plus mal-heureuse,
Vne heure d'Oraison m'est souvent ennuieuse,
Ie suis lâche & distraitte, & mon cœur & mes yeux
Pour mille vanitez se détournent des Cieux.
O que ie crains peu Dieu ! mais dittes-moy Celize
En quel estat Silvie est-elle dans l'Eglise ;
Aux piez des saints Autels & du saint Sacrement,
Ie croy qu'elle est toûjours dans le ravissement ?

CELIZE.

Vous vous trompez Caritte, il n'est rien de tranquille,
Il n'est rien de suave auprés de cette fille.

C'eſt un port ſi modeſte, & c'eſt un air ſi doux,
C'eſt un front ſi ſerain quand elle eſt à genoux,
Qu'il ſemble que ſon cœur n'ait plus rien à combattre,
Que tout le monde entier ne la ſçaurait abbatre :
Quelle ſoit une Reyne à qui ſes ennemis
Sont plûtoſt par amour que par force ſoûmis :
Mais on diroit à voir les traits de ſon viſage
Que ſon ame a déja ſon celeſte partage,
Qu'elle poſſede enfin tous les divins treſors
Par la paix de ſon ame & celle de ſon corps.
Auſſi dans cét état, elle dit peu de choſe
On voit ſes yeux baiſſez, on voit ſa bouche cloſe :
Tout en elle ſe taiſt, ſi ce n'eſt par hazard
Qu'un mot d'amour s'échappe ou quelque ſaint regard.
Quelquefois ſur ſa jouë une larme luy tombe,
Et quittant ſon repos, ſemblable à la colombe,
Elle a de tems en tems un doux gemiſſement
Qui marque la douleur que l'on ſouffre en aimant.
O Seigneur ce dit-elle, helas que puis-je faire
Grand Dieu ſecourez-moy, je deſire vous plaire.
Venez mon Roy venez, diſpoſez de mes ſens
Ah ! poſſedez mon cœur, je le veux, j'y conſens.
Pourquoy retardez-vous, ô Ciel eſt-il poſſible
Qu'aux bontez de mon Dieu l'homme ſoit inſenſible ?
Vous en avez trop fait, je ne le puis ſouffrir,
Ou me rendez amante ou me faites mourir.

CARITTE.

O l'aimable personne, ô l'admirable fille,
O le divin exemple, ô l'unique entre mille !
Ie croy qu'on luy permet vivant si saintement
D'approcher tous les jours du tres-saint Sacrement ;
Mais veux-tu m'obliger dis-moy, je te supplie,
En quel estat elle est quand elle communie.

CELIZE.

Caritte admirez-vous Silvie, ou le Seigneur ?
N'est-ce que sa vertu qui touche vostre cœur ?
Les divins sentimens qu'elle a dans sa priere,
Ses transports tout remplis de feux & de lumiere,
Ses doux gemissements, ses amoureux soûpirs,
Les mouvements sacrez de ses bruslans desirs,
Sont-ils le seul objet de vostre Ame êtonnée ?
Que vostre charité seroit mal ordonnée,
Si vostre Ame bien loin d'en regarder les Cieux,
Sur la foible Silvie elle arrestoit les yeux :
Ah Caritte ! Silvie est tousiours terre ou cendre,
Dans son propre neant tout homme doit descendre :
Au regard de son Dieu, c'est encor moins que rien,
Il n'a que le peché sans titre d'aucun bien,
S'il gagne sur luy-même une sainte victoire,
Il doit à son Dieu seul en rapporter la gloire ;
Et quand il a pour luy quelque flamme d'amour,
De celle du Seigneur elle en est le retour.
Mais peut-on concevoir que le grand Dieu nous aime ;
Quel rapport entre nous, & sa grandeur suprême :

Aussi lorsque Silvie y pense un seul moment,
Elle se fait horreur dans son abaissement:
Aux divines clartez, helas ! quelle est sa peine,
De se montrer si pauvre & de se voir si vaine,
Qu'elle admire son Dieu, luy si grand & si saint,
Qui cependant se donne à l'ame qui le craint.

CARITTE.

Ce que tu dis est vray, Dieu seul est admirable,
Dieu seul doit estre aimé, Dieu seul est adorable;
Aussi ie veux sçavoir avec empressement
Les biens qu'elle reçoit du tres-saint Sacrement,
Pour exciter en moy quelque nouvelle flamme
Qui ne me face aimer que le Dieu de mon ame.

CELIZE.

Hé qui peut vous le dire ! hé qui peut l'exprimer!
Qui veut le decouvrir, Dieu le doit opprimer,
C'est le secret de l'ame & celuy de Dieu-même,
Ah Caritte ! adorons la Majesté suprême,
Et sçachons que quand Dieu se veut communiquer,
C'est si differemment qu'on ne peut l'expliquer.
Ce n'est pas que cette Ame, apres l'Eucharistie,
Ne respande un éclat de sa gloire infinie :
L'on voit dessus son front la splendeur des vertus,
L'on decouvre à son air les vices abbatus,
L'on reconnoist enfin aux traits de son visage,
Qu'elle est de son Seigneur la plus vivante Image:
Tout en elle paraist se perdre en Iesus-Christ,
Où tout semble ne faire avec luy qu'un esprit.

CARITTE.

CARITTE.

Que l'on doit aimer Dieu quand on songe à Silvie!
Ton aimable recit rend mon ame ravie,
Ie sens battre mon cœur, je suis tout hors de moy
Et tu viens d'enflammer mon amour & ma foy:
Ie ne voudrois plus rien pour me rendre contente
Que d'embrasser & voir cette divine Amante:
Mais je n'espere pas en l'estat où je suis,
De posseder ce bien, si tu ne me conduis,
Oserai-je aborder une fille si sainte?

CELIZE.

Et pour quelle raison aurais-tu cette crainte?
Tu crois donc qu'elle auroit un air audacieux
Pour estre morte au monde & vivre dans les Cieux?
Ah Caritte on connaist la vertu de Silvie,
Sur tout pour sa douceur, & pour sa modestie.
Son cœur brule tousiours de l'amour de Iesus
Son esprit est rempli des biens qu'elle a reçus,
Sa bouche est occupée à chanter ses loüanges,
Son ame goute enfin la même paix des Anges:
Comment donc croire en elle un cœur aigre pour nous,
Pourrait-on jamais voir son esprit en courroux?
Peut-on entendre d'elle une rude parole?
Enfin peut-elle dire un mot qui ne console?
I'ai fait une remarque, & même plusieurs fois
Qu'apres son Oraison elle change de voix,
Elle devient plus douce, & plus melodieuse,
Et parole jamais ne fut plus gracieuse!

C

On peut dire qu'elle est le parfum de son cœur,
La fille de sa paix , le prix de sa douceur.
Il n'est rien de plus beau que de voir ma Silvie
Qui fait une caresse à quelque bonne amie.
Ie l'admire en allant d'un pas prompt & leger
Pour consoler un pauvre , & pour le soulager :
Tout pecheur envers Dieu , tout pecheur envers elle
Est un pauvre à ses yeux qui demande son zele ,
Plus elle est offensée , & plus elle a pitié
De ce cœur endurci qui n'a point d'amitié :
Enfin elle est joyeuse avec l'Ame contente ,
Avec celuy qui pleure , elle est triste & dolente ,
Insensible à soi-méme , à son prochain tout cœur
Hé Caritte tu crains qu'elle ait de la froideur
Qu'elle ait de la contrainte , & qu'elle ait de la peine
Quand encor pour la voir , l'amour de Dieu t'ameine ?
Non non tu connoîtras par son embrassement
Qu'elle aime tout pour Dieu, mais qu'elle aime ardãment.

CARITTE.

Allons donc voir Silvie , & qu'une sainte flamme
Ne fasse de nous trois & qu'un cœur & qu'une ame
Que son divin amour consomme par ses feux ,
Ce qui se peut trouver de terrestre en nous deux.

ODE,

A L'HONNEVR

DV

SAINT-SACREMENT

TIRE'E DV PSEAVME 110.

Confitebor tibi Domine in toto corde meo :
in concilio juſtorum & congregatione.

Ans quel excés d'amour vous dois-je aimer, Seigneur,
Vous qui voulez, mõ Dieu! vous unir à mon cœur,
Vous qui vous uniſſez d'une façon ſi ſainte,
Que je ne trouve point de terme à voſtre amour
Pour y répondre helas! je n'ay que de la crainte
Ie ſens tant de froideur, j'y voy ſi peu de jour
Que mon ame eſt ſans force & manque de courage,
Anges iuſtes & ſaints! venez à mon ſecours
Parlez-moy de mon Dieu, pour m'enflammer toûjours.
Vniſſons tous nos cœurs pour l'aimer d'avantage.

Magna opera Domini , exquisita in omnes volun-
tates eius.

Que ie dois admirer tant d'ouvrages divers,
Qui remplissent de gloire un si grand Vnivers!
Est-il rien de plus beau que le Ciel empirée?
Peut-on rien concevoir de semblable au Soleil?
Que de fruits que de fleurs dont la terre est parée,
Tout ce monde est brillant d'un éclat nompareil :
Aussi le Createur s'est plû dans ses Ouvrages,
Il a pris son plaisir à rendre tout parfait
Avecqu'un si bel ordre avecques tant d'effet
Qu'on ne peut desirer de plus grands avantages.

Confessio & magnificentia opus eius : justitia eius
manet in sæculum sæculi.

N'est-ce donc pas assez, Monseigneur & mon Roy!
Que ce grand Vnivers ait esté fait pour moy,
Faut-il pour contanter vôtre bonté suprême :
Que vôtre amour me donne un tout qui soit meilleur?
L'amour en a fait un pour vous donner vous-mesme
Dans une creature on void le Createur :
O Miracle étonnant d'un Dieu qui s'est fait Homme!
C'est vôtre bel ouvrage & digne de vos yeux :
Il est l'vnique objet de la Terre & des Cieux,
Qui transporte nos cœurs, qui les brûle & consomme.

Memoriam

Memoriam fecit mirabilium suorum misericors
miserator Dominus : escam dedit timentibus se.

C'est donc cét Homme Dieu, qui finit nos desirs,
Pour luy seul nôtre cœur doit pousser des soûpirs :
Le Seigneur dans l'excez, de sa misericorde
A voulu mettre en luy tous ses divins tresors,
Et quand rien n'est si grand le Seigneur nous l'accorde
Iusque où doivent aller nos amoureux transports ?
Mais helas ! si ce Dieu se donne en nouriture,
Si celuy qui le craint, le reçoit dans son cœur
Comme pain immortel ou divine liqueur,
Quelle est nostre surprise en cette conionĉture ?

Memor erit in sæculum testamenti sui : virtutem
operum suorum annuntiabit populo suo.

O seul mets adorable ! ô pain delicieux,
Qui nourrit l'homme en terre & l'Ange dans les Cieux,
Admirable Festin qui nous reconcilie !
Divine & sainte Nopce & Banquet si charmant
Où le Dieu de mon ame avec elle s'alie ;
Beau gage de la gloire, aimable Testament,
Pouvons-nous concevoir les grands biens qu'il nous
*   donne ?*
Ce mets est le Soleil de toutes les vertus
Ce mets est l'étendard des vices abbatus :
Par ce mets l'Ange admire & le demon s'étonne.

Vt det illis hereditatem gentium, opera manuum
eius veritas & iudicium.

Que nôtre Dieu nous aime, ayant voulu mourir,
Il nous l'a declaré jusqu'au dernier soupir,
Nous laissant à sa mort un si grand heritage,
Ce doit estre le lot de ce grand Vnivers,
Toutes les Nations n'ont point d'autre partage :
Cependant que ce lot a des effets divers,
Ce lot aux vrais enfans est la vie immortelle;
La verité des biens que Dieu nous a promis,
Mais celuy qui n'est pas à ses ordres soûmis,
Y trouve sa sentence & sa mort eternelle.

Fidelia omnia mandata ejus, confirmata in sæculum sæculi, facta in veritate & æquitate.

Cependant nôtre Dieu nous a donné ce bien,
Pour la force de l'ame & son plus grand soustien :
Ce mets rend doux son joug & sa charge agreable,
Il confirme sa Loy, la rendant belle au cœur:
Il n'est commandement qui ne paraisse aimable
Et l'on ne voit plus Dieu que comme un doux vainqueur.
Ah ! que ce lot divin est remply de justice,
Les vrays enfans de Dieu sont-ils mal partagez ?
Non, non cruels pecheurs dans le crime engagez !
Vous pourrez l'éprouver, si vous quittez le vice.

Redemptionem mifit Dominus populo fuo : man-
davit in æternum teftamentum fuum.

Que ne le quittons-nous ? le crime eft-il fi beau ?
Et ce banquet toujours adorable & nouveau
Auroit-il pour nos cœurs moins d'attraits & de charmes?
Helas ! ce fentiment nous doit faire fremir:
Haïffons donc le crime, ayons recours aux larmes
Dieu nous pardonnera, s'il nous en void gemir:
Il nous a rachetez par fon Sang adorable
Il a fait par fa mort avecques nous la paix,
Et pour nous en laiffer un gage à tout jamais,
Il fe donne à luy-mefme à fa divine Table.

Sanctum & terribile nomen ejus, initium fapientiæ
timor Domini.

Aprés tant de bontez, peut-on offencer Dieu?
De l'innocence au crime eft-il quelque milieu?
Vn fidele aura-til une ame indifferente?
Faut-il l'a menacer des peines de l'Enfer,
Si l'on voit pour fon Dieu que fa flamme eft mourante?
Ah ! pour moy ie ne crains ny le feu, ny le fer,
Le beau nom de Sauveur eft beaucoup plus terrible,
Le beau nom de Pafteur fait un plus grand éclat;
La crainte du Seigneur & la peur d'eftre ingrat
Eft toutte la fageffe à l'Ame vn peu fenfible.

Intellectus bonus omnibus facientibus eum : lau-
datio ejus manet in sæculum sæculi.

Fidele serviteur, Amant de Iesus-Christ,
Cœur constant & soumis, remply du Saint Esprit !
Vous qui parlez de Dieu, qui chantez ses loüanges:
Qui suivez ses conseils, & n'aimez que ses Lois !
Vous enfin, qui goustez le mesme pain des Anges
Vous estes icy bas, plus heureux que les Roys,
Vostre ame a des clartez & des flammes si pures
Qu'elle a les avant-gousts de la gloire des Cieux
Heureux en cette vie, en l'autre glorieux,
Pourriez-vous quitter Dieu pour plaire aux creatures?

F I N.

CANTIQVE

CANTIQVE,

EN ACTIONS DE GRACE

pour les misericordes de Dieu.

Tiré du Magnificat.

Magnificat anima mea Dominum.

Pres tant de bien-faits, aprés tant de miracles,
Aprés de si grands dons & de telles faveurs,
Mon ame en son transport prononce des Oracles
Pour exalter le nom du Seigneur des Seigneurs.

Et exultavit spiritus meus : in Deo salutari
meo.

Mon esprit estonné de ses saintes pensées,
Et des divins propos qui partent de mon cœur;
Reconnoist que le Ciel les a toutes tracées,
Et ne s'y plaist qu'en Dieu mon aimable Sauveur.

Quia respexit humilitatem ancillæ suæ , &c.

D'où vient, Seigneur! d'où vient que mon ame est
   heureuse,
Qu'elle possede icy les richesses des Cieux?
C'est qu'elle est devant vous, & confuse & honteuse,
Et son neant, Seigneur, est digne de vos yeux.

Quia fecit mihi magna qui potens est , &c.

Mon neant est l'objet de sa Toute-puissance,
Et s'il a répandu sur mon ame & mon corps
Les biens qu'il a tirez de ses divins tresors,
C'est qu'il a regardé mon extrême indigence.

Et misericordia eius à progenie in progenies, &c.

Sa bonté va chercher dans les races futures,
Les fideles enfans de celuy qui le craint ,
Suis-je au nombre, Seigneur, de telles creatures,
Avec les sentimens dont mon cœur est atteint?

Fecit potentiam in brachio suo, dispersit, &c.

J'ay connû le pouvoir de son bras indomtable,
Qui fait regner en moy les plus hautes vertus.
Ah ! que d'un seul regard de son œil adorable
Les thrônes orgueilleux sont bien-tost abatus.

Deposuit potentes de sede, & exaltavit humiles, &

Il les a deposez tous ces Grands de la terre,
Qui marquoient sur leur front un air audacieux,
Dans leur chute leur gloire a du rapport au verre,
Quand l'humble est eslevé jusqu'au plus haut des Cieux.

Esurientes implevit bonis & divites dimisit, &c.

De ces brulans d'amour pour la gloire immortelle,
Il a remply les cœurs des beaux fruits de la paix ;
Mais ces riches du monde amans de bagatelle
N'ont point de belle joye, & n'en auront jamais.

Suscepit Israël puerum suum, recordatus, &c.

Enfin ce Dieu si bon a mis sous sa conduite,
Son fidelle Israël cét enfant bien-aimé ;
Et quoy qu'il soit ingrat, bien qu'il prenne la fuite,
Ce bon Dieu court aprés d'amour seul animé.

Sicut locutus est ad patres nostros, &c.

Ces bontez sont les fruits de ces saintes promesses,
Qu'Abraham autrefois entendit pour les siens.
Helas ! si je les ay, si ce sont mes richesses,
Que diras-tu mon ame, avec de si grands biens ?

Gloria Patri & Filio , & Spiritui sancto, &c.

La gloire en soit donnée à tout jamais au Pere,
Que la pareille au Fils couronne la grandeur;
Et que le Saint-Esprit en qui mon cœur espere
Pour de si grands bien-faits ait un semblable honneur.

Ainsi soit-il.

P E R M I S S I O N.

Ermis d'imprimer. Fait ce trente-uniéme jour de May , mil six cens sep-
tante.

DE LA REYNIE.

A PARIS, De l'Imprimerie de IEAN HENAULT, 1671.